DISCOURS

PRONONCÉS AUX OBSÈQUES DE

M. GIOVANNETTI

CAPITAINE DE VAISSEAU

OFFICIER DE LA LÉGION D'HONNEUR

MEMBRE DU CONSEIL GÉNÉRAL DE LA CORSE

BASTIA
IMPRIMERIE Ve EUGÈNE OLLAGNIER
1876

DISCOURS

PRONONCÉS AUX OBSÈQUES DE

M. GIOVANNETTI

CAPITAINE DE VAISSEAU

OFFICIER DE LA LÉGION D'HONNEUR

MEMBRE DU CONSEIL GÉNÉRAL DE LA CORSE

BASTIA

IMPRIMERIE Ve EUGÈNE OLLAGNIER

1876

DISCOURS
DE M. FÉRAUD

Commissaire de la Marine en Corse

MESSIEURS,

Je ne m'attendais pas, à peine arrivé parmi vous, à remplir la douloureuse mission qui m'est réservée, en ma qualité de représentant de la Marine, de m'associer aux regrets que la mort prématurée de M. le Capitaine de vaisseau Giovannetti vous fait éprouver.

Ce n'est pas un hommage d'étiquette que je viens rendre ici à la mémoire d'un brave marin ; j'ai seulement à cœur de ne pas laisser aller sa dépouille à la terre, sans lui adresser, au nom de la Marine, un dernier adieu, et sans lui rendre les hommages qu'elle mérite et dont la manifestation se trouve déjà dans la solidarité des sentiments douloureux qui nous réunissent autour de son cercueil.

Les circonstances, Messieurs, la nature différente de nos attributions, qui pouvaient cependant nous mettre en contact, n'ont pas voulu que je connusse personnellement le Commandant Giovannetti ; — mais, s'il ne m'a pas été donné d'apprécier, comme vous, les qualités de l'homme privé, la réputation de l'homme de mer n'a pu me rester étrangère, et je n'étonnerai personne en affirmant que dans les différentes positions, souvent délicates, qu'il a occupées, dans les commandements qui ont été confiés à son expérience et à ses lumières, M. Giovannetti a toujours fait preuve d'une haute intelligence et d'un incontestable savoir.

Permettez-moi, Messieurs, de citer à l'appui de mon affirmation quelques faits que vous ne sauriez ignorer.

Admis à l'école navale à l'âge de 16 ans, M. Giovannetti a successivement franchi les grades supérieurs, après avoir laissé, dans chacun d'eux, des traces non équivoques de son esprit éclairé. Mais c'est à l'occasion de la guerre de Crimée qu'il a pu développer ses aptitudes et donner un plus grand essor aux qualités qui le distinguaient.

Chargé par le Maréchal de Saint-Arnaud de prendre la direction du débarquement des troupes françaises à Gallipoli, il déploya dans cette opération tant de prévoyance et d'activité, qu'il fut mis à l'ordre du jour de l'armée.

L'amiral Bruat, qui avait connu autrefois M. Giovannetti à Taïti, ne pouvait se priver du concours d'un officier si distingué ; — il l'attacha à son état-major et lui réserva des missions qui auraient pu faire fléchir une organisation moins heureusement privilégiée.

Ce fut après l'accomplissement d'une de ces périlleuses entreprises, (le renflouement d'un navire anglais échoué sous les batteries de Sébastopol) que M. Giovannetti reçut la croix d'Officier de la Légion d'Honneur et fut mis à l'ordre du jour de l'armée anglaise.

En 1863, il fut nommé Capitaine de frégate, et en 1870 il recevait les épaulettes de Capitaine de vaisseau.

Après la guerre où il trouva l'occasion de déployer sa rare activité, il fut nommé au commandement de la division navale des Antilles.

C'est là, Messieurs, qu'il a contracté le germe de la maladie qui vient de le ravir à l'affection de sa famille, à la Marine où son nom laissera de durables souvenirs, et à ses nombreux amis.

Il me serait bien difficile de découvrir un allègement à un pareil malheur ; cependant, je serais heureux si tous ceux qui lui étaient chers pouvaient trouver un adoucissement à leur chagrin dans l'expression sincère des sentiments dont je me suis fait l'interprète.

Après cet exposé sommaire d'une carrière si tôt brisée, mais si laborieusement et si honorablement remplie, j'espère avoir accompli la douloureuse tâche de vous avoir fait connaître la valeur de l'Officier qu'accompagnent vos légitimes regrets, et je dois laisser à une voix plus autorisée et plus éloquente que la mienne, le soin de vous parler du Commandant Giovannetti, comme homme privé, comme citoyen, comme père de famille.

DISCOURS

DE

M. L'AVOCAT LAURELLI

Messieurs,

Il date à peine d'hier cet autre deuil, où nous trouvant rassemblés comme aujourd'hui par le même sentiment d'affliction, je vous apportais l'expression des regrets du premier corps délibérant de notre Ile : d'où pour moi l'illusion de croire que de longtemps je n'aurais plus eu à remplir un si pénible devoir ! La Providence en a décidé autrement, tandis qu'elle vient d'enlever, soudain, au Conseil général dont vous me permettrez d'être encore une fois l'interprète, l'un de ses membres les plus distingués, les plus utiles, les plus aimés.

M. le Commandant Giovannetti n'était devenu notre collègue que depuis cinq ans ; mais il suffisait de l'avoir vu à l'œuvre dans le cours d'une session seulement, pour comprendre l'enthousiasme avec lequel les électeurs du canton de Rogliano avaient acclamé son nom à deux reprises différentes, aux élections de 1871, à celles de 1874. Nul n'apportait plus d'indépendance dans ses votes, nul n'exerçait un contrôle plus éclairé sur les services multiples de l'administration départementale. Pour lui, il n'y avait pas les grandes et les petites affaires, il les examinait toutes avec un soin également scrupuleux ; il n'y avait pas de dépense, si minime fût-elle, qu'il consentît, sans que l'utilité lui en fût absolument démontrée.....

Son caractère ouvert et loyal, sa droiture incontestable et incontestée, son amour intelligent des intérêts du pays avaient fait le reste pour lui conquérir une des premières places parmi nous. En un mot, M. le Commandant Giovannetti était au Conseil général ce qu'il était dans la flotte, l'une des gloires de la Corse.

Ma tâche ne saurait être finie ici ; à côté de l'officier brillant, à côté de l'homme public considérable, il y avait l'homme privé dont j'ai l'obligation de vous dire un mot.

Comme père de famille et comme ami, si vous interrogez tous ceux qui ont eu le bonheur de le connaître de près, M. le Commandant Giovannetti était une nature d'élite entre toutes.

Impossible de chérir plus qu'il ne les chérissait sa femme, ses enfants, tous les membres de sa famille. Plus agitée avait été la vie qu'il avait menée pendant sa jeunesse, et plus douces à son cœur étaient maintenant les joies du foyer domestique dont il avait de la peine à s'éloigner, fût-ce pour quelques jours seulement.

Ce que renfermait de délicatesse, de générosité, de dévoûment pour ses amis ce cœur vaillant, je ne saurais mieux l'exprimer qu'en disant qu'on était fier de son amitié. Tout charmait en lui, tout, depuis le franc sourire qu'on voyait apparaître sur ses lèvres quand on l'approchait, jusqu'à la rondeur inhérente à sa qualité de marin avec laquelle il s'exprimait.

N'est-ce pas dire qu'on ne le quittait jamais sans regret ?

Et, désormais, nous ne le verrons plus... Oh ! cruelle pensée, rendue plus déchirante encore par le récit des souffrances qui ont accompagné son agonie.... Ferme et énergique en face de la mort, comme il l'avait été autrefois devant l'ennemi, ses souffrances ne lui ont arraché aucune plainte, pas plus qu'elles ne l'ont rendu indifférent au dénouement de la crise politique à laquelle nous assistons, tantôt plus inquiets, tantôt plus confiants, mais toujours inébranlables dans nos affections patriotiques. A celles-ci le Commandant Giovannetti leur est resté

★

fidèle jusqu'à son dernier soupir ! — comme s'il eût eu à cœur de transmettre à ses enfants l'exemple qu'il avait recueilli lui-même dans l'héritage de son père et de son oncle.

Comment ne serait-elle pas vivement ressentie après tout cela la perte d'aujourd'hui ? Voir le Commandant Giovannetti descendre dans la tombe à 53 ans à peine en laissant derrière lui quatre enfants en bas âge ! le voir descendre dans la tombe quand chacun de nous entrevoyait pour lui un brillant avenir, et pour notre Ile une illustration de plus ! Lorsque nous nous préparions à lui faire escorte jusqu'au navire qui devait l'éloigner un instant de nos côtes pour nous le rendre bientôt pourvu de nouveaux grades et de nouveaux titres, nous trouver ici, en présence de son cercueil, c'est plus qu'il n'en faut, oui, pour expliquer la tristesse profonde peinte sur tous les visages, et pour ne me laisser à moi-même que la force d'ajouter : adieu, ami, adieu !

DISCOURS

PRONONCÉ A TOMINO

PAR M. LE PROFESSEUR MATTEI

MESSIEURS,

C'est avec un sentiment de profonde tristesse que je viens vous entretenir un moment de l'homme distingué que nous pleurons. Il me faudrait faire un long discours, si je voulais parcourir tous les détails d'une existence si honorablement remplie ; mais né à Tomino, il a grandi parmi vous, et, mieux que moi, vous connaissez tout ce qu'il serait superflu de vous apprendre.
M. François Giovannetti fut reçu à l'école navale en 1838, à l'âge de seize ans. Le travail, chez lui, était opiniâtre ; l'intelligence étendue ; la conception prompte et la réflexion profonde.
En 1840, il partit pour Taïti. C'est là que

l'amiral Bruat le connut et l'apprécia. Après une campagne de quatre ans, il repatria avec le grade d'aspirant de première classe, et, quelques années après, il était nommé enseigne de vaisseau.

En 1852, il était embarqué sur la *Reine-Hortense*, promu au grade de lieutenant de vaisseau, et nommé chevalier de la légion d'honneur. A partir de ce moment, M. Giovannetti sentit se réveiller en lui cette légitime ambition, qui est l'âme de tous les cœurs généreux. Embrassant du regard le brillant avenir qui s'ouvrait devant lui, il donna l'essor à tout son talent qui ne tarda pas à être remarqué par ses supérieurs. Plus d'une fois il a été mis à l'ordre du jour de l'armée, soit pour un débarquement opéré avec toute l'intelligence d'un marin consommé, soit pour avoir renfloué des navires échoués sous les batteries de Sébastopol, car il était de la guerre de Crimée. A cette heure-là la croix d'officier vint briller sur sa poitrine.

Quand notre armée revenait des murs foudroyés de Sébastopol, M. Giovannetti avait déjà un nom. Il était aussi connu de la marine anglaise que de la nôtre.

Nommé, en 1863, capitaine de frégate et chef de l'état-major de l'amiral Excelmans, il fut, en 1870, promu au grade de capitaine de vaisseau. L'avenir se dessinait splendide devant lui. Encore quelques marches à monter, et il sera assis à un poste plus digne de sa valeur personnelle. Vous voyez d'ici, mes amis, combien ces aspirations étaient illusoires et trompeuses, et combien il est vrai de dire que l'homme s'agite et Dieu le mène. Pendant notre guerre avec la Prusse, Cherbourg le vit commander un de ses principaux forts; puis on lui donna le commandement du *Château-Renaud* pour faire la chasse aux paquebots allemands. De là il passa à la station de Terre-Neuve, et bientôt après au commandement en chef de la flotte des Antilles, en l'absence de son amiral. C'est là qu'il a contracté cette affreuse maladie qui devait aboutir à une catastrophe.

Il lui tardait, Messieurs, de rentrer au sein de sa famille, au milieu de ses chers habitants de Tomino, de ses nombreux amis. Il rentra, et, quelque temps, vous avez joui de sa présence. Il y a peu de jours il vous faisait encore ses adieux pour se rendre où l'appelait son service, à Toulon, nouvelle étape qui devait le conduire à de nouveaux honneurs. Hélas ! bien cruelle destinée ! tout était prêt pour le départ : le jour en était fixé, quand malgré la résistance de l'art, malgré les cris déchirants d'une épouse au désespoir, malgré les prières d'une mère pieuse, de nièces et de neveux affectueux et dévoués, la mort inexorable l'arrête à l'embarcadère, déjoue tous les projets, brise les plus belles espérances, et jette dans le deuil une famille, hier si heureuse et si prospère. Ah ! Messieurs, que les échos de ces montagnes retentissent de vos gémissements ; vous avez perdu le meilleur de vos amis, votre protecteur, votre illustration. Toutefois les regrets que cause cette mort ne sauraient être circonscrits dans les limites de votre canton ; ils auront du retentissement dans toute la Corse, et même au-delà des mers, et à Bastia, non moins que parmi vous, la tristesse est générale. Je n'en veux pour témoignage que le concours immense, de jeudi dernier, à l'église de St-Jean où tout le monde déplorait avec amertume ce triste événement.

Cependant, qu'une pensée chrétienne adoucisse votre douleur. Le Dieu de ceux qui croient et espèrent, a visité et réconforté celui que nous regrettons. Le Commandant Giovannetti, qui, pendant plusieurs années, a bravé les tempêtes et les cyclones du grand Océan et de la mer des Indes, qui a souffert les chaleurs les plus excessives, comme les froids les plus rigoureux, s'est éteint dans le baiser du Seigneur, non sur un rocher désert, après un naufrage, non au milieu des flots, qu'il a sillonnés tant de fois, mais au sein de sa famille, au milieu de ses amis, au milieu de toutes les consolations qu'il méritait, et desquelles Dieu n'a pas voulu qu'il fût privé.

Son âme est au ciel : sa dépouille mortelle va reposer parmi vous, à l'ombre de l'autel, que ses pieux ancêtres ont élevé pour l'abriter au milieu d'eux. C'est devant cette tombe que vous ferez revivre vos plus chers souvenirs. Sa veuve, et ses jeunes enfants vous restent ; reportez sur eux tous vos sentiments de gratitude et d'affection. Ah ! il faut les éprouver les grandes douleurs pour y compatir ! Nous compatissons aux vôtres, épouse désolée ! à celles de vos petits enfants, qui gémissent autour de vous, sans savoir pourquoi. Quel sera votre refuge dans vos mortelles angoisses ? Votre bonne mère vous le dira, elle que l'on peut à bon droit, ainsi qu'elle en porte le nom, appeler la mère des douleurs. Avant vous, elle a gravi le Calvaire par le même chemin ; elle s'y arrêta un moment, et en descendit consolée.

Adieu, cher Commandant, reposez en paix. Malgré mon âge, malgré les douloureuses émotions que m'a causées votre mort inattendue, j'ai voulu, quand j'avais besoin de repos, vous suivre jusqu'à cette demeure, qu'on appelle éternelle, et que je n'appelle que provisoire. Vous étiez devenu l'oncle de mon fils, vous, son appui et son protecteur. Ses larmes, comme les miennes, vous sont dues, parce que vous nous aimiez. Adieu ! vivez dans la mémoire de tous les hommes de bien qui vous ont connu soit à l'armée, soit au sein du Conseil général, où l'on a apprécié la sûreté de vos vues, comme votre patriotisme, et vivez dans le cœur de tous ces braves gens que je vois se presser autour du cercueil qui enferme leur espoir déçu et leur gloire éclipsée.

DISCOURS

PRONONCÉ A TOMINO

PAR M. VANNUCCI

Commissaire de l'Inscription Maritime à Rogliano

Messieurs,

Toutes les natures d'élite ont un côté par lequel elles s'amoindrissent à cause d'un défaut capital, ou par lequel elles se relèvent à cause d'une qualité particulière. Cette qualité dominante était, chez M. Giovannetti, l'amour du pays natal. S'ils sortent du commun, peu d'hommes, aujourd'hui, s'attachent à leur clocher : on les voit renier leurs pénates pour se fixer dans une grande ville, comme si dans une grande ville seulement pouvaient s'épanouir le mérite et le talent.

M. Giovannetti n'en a jamais agi ainsi.

Bien qu'officier supérieur de la Marine et à la

veille de devenir officier général, il n'a jamais déserté son modeste village. C'est à Tomino qu'il est né, et c'est à Tomino qu'il voulait mourir. C'est encore à Tomino qu'il a contracté les doux liens du mariage ; c'est ici qu'il venait retremper ses forces au retour de ses rudes campagnes ; c'est ici enfin qu'il a voulu jouir de l'éternel repos.

L'affection qu'il avait vouée à sa famille, à ses amis, à son pays est au-dessus de toute expression humaine. Sa famille, il l'aimait ardemment, et je n'en veux d'autre preuve que cette poignante douleur dans laquelle sa mort l'a plongée, et dont nous étions, tout-à-l'heure encore, les témoins attristés. Ses amis, il était toujours prêt à les obliger, et ce qui le prouve c'est ce renom de bonté, d'affabilité dont il jouissait parmi nous. Son pays, il l'a, pour ainsi dire, tiré du néant moins encore par le prestige de sa haute situation que par les efforts qu'il n'a cessé de faire pour y introduire la civilisation et le progrès. Dans l'ordre matériel, comme dans l'ordre moral, il l'a toujours dirigé vers le bien ; et vous savez tous, Messieurs, avec quelle chaleur il défendait les intérêts du canton dans le sein du Conseil général. Aussi, de toutes les parties du Cap-Corse les populations sont-elles accourues pour lui rendre les derniers devoirs. Quand, à la mort d'un homme, on voit de semblables manifestations se produire, on peut dire, Messieurs, que cet homme était un homme de bien.

M. Giovannetti avait d'ailleurs en lui un autre trait caractéristique ; il ne se sacrifiait pas à la fausse amitié. Il ne permettait jamais que l'ambition l'emportât sur l'affection ; il ne s'inclinait pas hypocritement devant l'ami puissant, et il n'avait pour l'ami tombé ni haine ni mépris. Fidèle dans la prospérité, plus fidèle encore dans le malheur, il mesurait son dévouement non aux profits qu'il pouvait lui rapporter, mais aux avantages qu'il pouvait procurer à ceux qui en étaient l'objet.

Votre empressement, votre douleur, vos larmes attestent, bien plus éloquemment que je ne saurais le faire, l'inépuisable bonté de M. Giovannetti, et démontrent que ce n'est pas seulement une famille, mais une province entière de la Corse qui, aujourd'hui, est en deuil.

Ce deuil, Messieurs, va plus loin encore.

Notre grande Patrie, la France, s'y associe à son tour, car elle perd en M. Giovannetti un serviteur dévoué, un brave et vaillant défenseur.

M. Giovannetti était officier de la Légion d'honneur, et cela prouve qu'il était distingué non seulement dans la foule, mais encore dans cette illustre phalange de l'honneur créée par notre immortel compatriote Napoléon Ier. Et cette croix d'officier n'était pas la plus haute distinction à laquelle il pût prétendre, sous peu il aurait été commandeur.... Mais Dieu ne l'a pas permis.

M. Giovannetti était capitaine de vaisseau et cela veut dire qu'il était parvenu à l'un des plus hauts grades de la Marine française, qu'il était digne de commander un de ces magnifiques bâtiments dont nous sommes à juste titre si fiers. Bientôt même, il aurait eu le droit de commander non plus un vaisseau, mais une escadre. Peu de temps encore et au lieu de nous réunir à Tomino pour assister aux funérailles du Commandant, nous y serions venus, pleins de joie et d'orgueil, acclamer le contre-amiral Giovannetti. La Corse, Messieurs, a produit des Empereurs et des Rois, elle a produit des Maréchaux et des Généraux, mais aucun de ses enfants n'a été salué jusqu'ici du titre d'Amiral. A M. Giovannetti aurait été réservée cette gloire, si la main jalouse de la mort ne l'avait brutalement saisi pour le clouer là, dans ce cercueil.

Quelle horrible transformation ! le cordon rouge de Commandeur a disparu et, à sa place, je ne saisis plus que le funèbre cordon d'un poêle. Les plumes d'amiral ont été emportées par le vent, et sur le chapeau, qu'elles devaient orner, je n'aperçois plus qu'un crêpe : les étoiles se sont subitement éclipsées et c'est en vain que j'en cherche l'éclat sur les épaulettes de M. Giovannetti ; je n'y vois plus que le reflet des cierges funéraires ! Tout a sombré, le bonheur présent et la fortune à venir ; tout a péri, et de M. Giovannetti il ne nous reste plus qu'un cadavre et un souvenir.

Le cadavre, rendons-le pieusement à la terre ; mais le souvenir, gardons-le religieusement dans nos cœurs. Transmettons-le à nos descendants afin qu'ils n'oublient jamais que c'est au commandant Giovannetti qu'il faut ressembler, si l'on veut être honnête homme !

www.ingramcontent.com/pod-product-compliance
Lightning Source LLC
Chambersburg PA
CBHW060715050426
42451CB00010B/1453